R0083176008

05/2015

Iguanas

Grace Hansen

ABDO
REPTILES
Kids

www.abdopublishing.com

Published by Abdo Kids, a division of ABDO, P.O. Box 398166, Minneapolis, Minnesota 55439.

Copyright © 2015 by Abdo Consulting Group, Inc. International copyrights reserved in all countries. No part of this book may be reproduced in any form without written permission from the publisher.

Printed in the United States of America, North Mankato, Minnesota.

072014

092014

 THIS BOOK CONTAINS RECYCLED MATERIALS

Spanish Translators: Maria Reyes-Wrede, Maria Puchol

Photo Credits: Getty Images, Glow Images, Shutterstock, Thinkstock

Production Contributors: Teddy Borth, Jennie Forsberg, Grace Hansen

Design Contributors: Candice Keimig, Laura Rask, Dorothy Toth

Library of Congress Control Number: 2014938859

Cataloging-in-Publication Data

Hansen, Grace.

[Iguanas. Spanish]

Iguanas / Grace Hansen.

   p. cm. -- (Reptiles)

ISBN 978-1-62970-353-4 (lib. bdg.)

Includes bibliographical references and index.

1. Iguanas--Juvenile literature. 2. Spanish language materials—Juvenile literature.   I. Title.

597.95--dc23

2014938859

Contenido

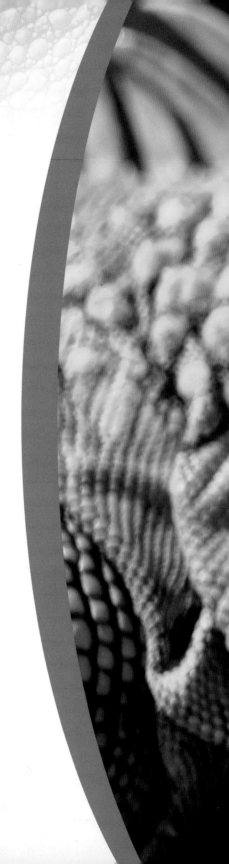

Iguanas

Las iguanas son reptiles.

Todos los reptiles tienen

escamas y son de **sangre fría**.

4

5

Las iguanas viven en Centroamérica y Sudamérica. También viven en México y en las islas del Caribe.

Muchas iguanas viven en la **selva tropical**. Viven en la parte alta de los árboles.

8

Algunas iguanas son de colores brillantes. Otras son de colores **apagados**.

10

La iguana tiene cola larga.

La cola le ayuda a mantener

el **equilibrio**. También usa

la cola para nadar.

12

Alimentación

Las iguanas comen frutas
y plantas. Las crías de
iguana además comen
insectos y arañas.

Crías de iguanas

Las iguanas están casi siempre en los árboles. Las hembras bajan a poner los huevos.

La hembra hace una **madriguera**. Pone sus huevos en la madriguera. Después se sube otra vez al árbol.

19

Las crías de iguana se
quedan solas cuando
salen de los huevos.

Buscan una rama donde vivir.

20

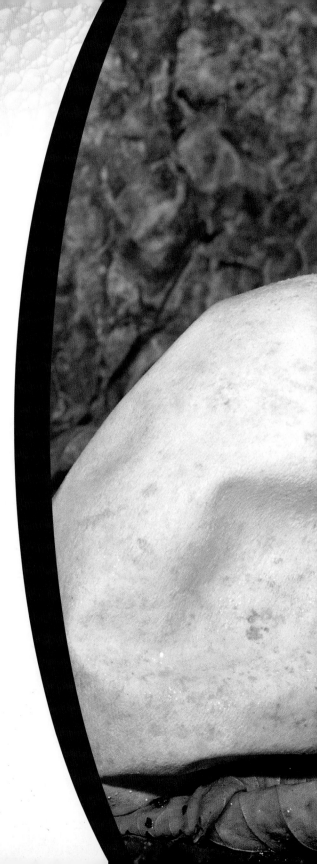

21

Más datos

- A las iguanas les gusta vivir cerca del agua. Pueden nadar muy bien.

- A veces las iguanas se quedan en una rama sobre el agua. Si se asustan pueden saltar al agua y nadar hasta encontrarse a salvo.

- Algunas personas piensan que las iguanas se comunican entre ellas moviendo sus ojos muy rápidamente.

Glosario

apagado – que no tiene colores vivos, con poco color.

escamas – láminas que cubren el cuerpo de los reptiles.

madriguera – hoyo en la tierra donde viven los animales.

salir del huevo – nacer de un huevo.

sangre fría – cuando la temperatura del cuerpo de los reptiles o peces cambia de acuerdo a la temperatura ambiental.

selva tropical – bosque con mucha lluvia. Zona de abundantes árboles altos y plantas.

Índice

abdokids.com

¡Usa este código para entrar a abdokids.com y tener acceso a juegos, arte, videos y mucho más!

Código Abdo Kids:
RIK0595